Filozofia para crianças

De crianças para crianças

Era um vez!

A beleza esta nos olhos de quem ve

Historia para colorir

Por: Bernardo Octaviano Pereira

Este livro pertence a:

____

Eu dedico essa obra, primeiramente para os meus pais que eu tanto amo, para minhas professoras, para minhas tias de coração e para todos os meus amigos, Deus que abençoe a todos infinitamente!

Bernardo Octaviano Pereira

04/02/2024

Era uma vez, em uma cidade perto daqui, onde vivia um rapaz muito pessimista, achava tudo feio, errado, sem graça, não gostava de nada e de ninguém;

Ele vivia reclamando de tudo, sua casa era pequena, seu carro era velho, o tempo estava sempre feio, as arvores não davam frutos, nada estava bom para ele;

Esse jovem pessimista tinha um irmão gêmeo, completamente oposto a sua visão de mundo. O irmão otimista apreciava cada detalhe da vida, expressava gratidão no Criador por todas as coisas

A vida do otimista era repleta de amigos, pois sua atitude positiva atraia pessoas que valorizavam sua visão iluminada do mundo.

Enquanto o pessimista reclamava do tamanho da casa, o otimista celebrava cada espaço aconchegante. Enquanto o pessimista lamentava a antiguidade do carro,

o otimista lembrava das aventuras em cada quilômetro rodado, o tempo sempre bonito, as árvores sempre lindas, cheias de flores e de frutos;

Em um dia especial, enquanto ambos admiravam o pôr do sol, o pessimista so conseguia ver nuvens escuras, mas o otimista maravilhava-se com os tons dourados que tingia o céu.

Um via tudo com críticas, e o outro com amor, nem tudo e perfeito nessa vida, mais a beleza está nos olhos de quem vê!

Se olharmos com críticas, veremos que tudo está errado, mais se olharmos com amor veremos que tudo e perfeito.

Essa história nos lembra que, muitas vezes, a forma como escolhemos ver o mundo molda nossa experiência.

Se adotarmos uma visão mais positiva, mesmo diante das imperfeições, podemos descobrir a beleza que existe em cada momento e em cada detalhe da vida.

FIM

www.ingramcontent.com/pod-product-compliance
Lightning Source LLC
Chambersburg PA
CBHW081500250726
48662CB00009B/3164